SESAME STREET

Cuidemos el ambiente con Sesame Street

¡A LUCHAR CONTRA LA CONTAMINACIÓN, BIG BIRD!

Jennifer Boothroyd

ediciones Lerner ◆ Mineápolis

Cooperar y compartir son una parte importante de *Sesame Street*, y del cuidado de nuestro planeta. Todos compartimos la Tierra, entonces depende de nosotros cuidarla juntos. Los libros *Cuidemos el ambiente con Sesame Street*® cubren todo, desde apreciar la belleza de la Tierra hasta conservar sus recursos, ayudar a mantenerla limpia y más. Y los conocidos amigos peludos de *Sesame Street* ofrecen a los pequeños lectores algunas formas sencillas de proteger el planeta.

Saludos,

Los editores de Sesame Workshop

El texto de este libro se imprime en papel compuesto en un 30 % de papel fabricado a partir de fibras recicladas después del consumo.

Contenido

¡La Tierra es asombrosa!	**4**
La Tierra es importante	**6**
¿Qué es la contaminación?	**18**
Mantengamos limpia la Tierra	**24**
Todos los días es el Día de la Tierra	28
¡Plantemos!	30
Glosario	31
Índice	32

La Tierra es importante

Las personas viven por todo el mundo. También viven en la Tierra millones de tipos diferentes de plantas y animales.

La Tierra nos da lo que necesitamos para vivir y crecer.

Las plantas son asombrosas. Cuando la Tierra está sana, crecen plantas, árboles y flores.

Este árbol tiene miles de años.

¡A mí encantarme los arándanos!

Algunas plantas fabrican alimento para las personas y los animales.

Los animales son asombrosos. Cuando la Tierra está sana, los animales también están sanos.

¡Esta jirafa es más alta que yo!

Las hormigas son diminutas. Pero transportan cosas que son *mucho* más pesadas que sus propios cuerpos.

Todos los seres vivos necesitan agua limpia. Las personas y los animales beben agua. Las plantas necesitan agua para crecer.

Todos los seres vivos necesitan aire. Las personas y los animales necesitan aire para respirar. Las plantas necesitan aire para crecer.

Las ranas pueden respirar a través de su piel.

¡Algunas tortugas pueden respirar por el trasero! ¡Elmo cree que eso es absurdo!

¿Qué es la contaminación?

La contaminación es todo lo que ensucia el aire, el agua o el suelo.

> Me encanta la basura, pero va en mi cesto.

Algunas personas dejan la basura tirada. A esa basura la llamamos residuos.

Los automóviles y las fábricas pueden causar la contaminación del aire. El aire sucio no es saludable.

Algunas veces los desperdicios llegan al agua. La contaminación del agua puede enfermar a los seres vivos.

Mantengamos limpia la Tierra

Respetemos a la Tierra. No desperdiciemos las cosas que nos da. Ayudemos a proteger nuestro planeta.

La Tierra nos da el aire que respiramos, el agua que bebemos y bellos lugares para hacer nuestro hogar.

Nosotros también podemos darle algo a la Tierra. Podemos cuidarla.

¡Trabajemos juntos para mantener limpia la Tierra!

Todos los días es el Día de la Tierra

El Día de la Tierra es el 22 de abril. Las personas de todo el mundo celebran el Día de la Tierra.

Las personas piensan en todas las maneras de ayudar a luchar contra la contaminación. Algunas veces, limpian los residuos en este día para ayudar a mantener a la Tierra limpia y hermosa.

¡Plantemos!

Las plantas pueden limpiar el aire. Pídele a un adulto que te ayude a hacer crecer algo maravilloso.

1. Encuentra un lugar para tu planta. Necesitarás un lugar con luz solar y buen suelo. Si tu planta es de interior, necesitarás algo de tierra y una maceta.

2. Cava un agujero. Coloca las semillas o la planta en la tierra. Cubre el resto del agujero.

3. Riega tu planta.

4. Obsérvala crecer. ¡La naturaleza es genial!

Glosario

contaminación: algo que ensucia el aire, el agua o el suelo

fábricas: edificios donde se fabrican cosas

residuos: basura que se deja tirada

respetar: tratar algo de manera amable

Índice

agua, 14-15, 22-23, 26
aire, 16, 20-21, 26
animales, 6, 11-12, 14-16, 23
plantas, 6, 10-11, 14-16
residuos, 19

Créditos por las fotografías

Créditos de las imágenes adicionales: vectortatu/Shutterstock.com, en todo el libro (fondo); Evgeni Dinev Photography/Getty Images, p. 5; FatCamera/Getty Images, p. 6; Jasper Cole/Getty Images, p. 7; SeventyFour/Getty Images, p. 8; Chiara Salvadori/Getty Images, p. 10; GomezDavid/Getty Images, p. 11; paulbanton/Getty Images, p. 12; dikkyoesin1/Getty Images, p. 13; RUNSTUDIO/Getty Images, p. 14; Vlad61/Shutterstock.com, p. 15; Jose Luis Pelaez Inc/Getty Images, p. 16; Linas Toleikis/Getty Images, p. 17; Roberto Macagnino/EyeEm/Getty Images, p. 19; ByoungJoo/Getty Images, p. 20; baona/Getty Images, p. 21; Hero Images/Getty Images, pp. 22, 26; Paul Sutherland Photography/Getty Images, p. 23; Ariel Skelley/Getty Images, pp. 24, 28; Caiaimage/Trevor Adeiline/Getty Images, p. 28; Emily Suzanne McDonald/Getty Images, p. 30.
Portada: Yuri Parmenov/Getty Images (puntos), vectortatu/Shutterstock.com (fondo).

Traducción al español: TM and © 2025 Sesame Workshop
Título original: *Fight Pollution, Big Bird!*
Texto: TM and © 2020 Sesame Workshop
La traducción al español fue realizada por Zab Translation.

Todos los derechos reservados. Protegido por las leyes internacionales de derecho de autor. Se prohíbe la reproducción, el almacenamiento en sistemas de recuperación de información y la transmisión de este libro, ya sea de manera total o parcial, por cualquier medio o procedimiento, ya sea electrónico, mecánico, de fotocopiado, de grabación o de otro tipo, sin la previa autorización por escrito de Lerner Publishing Group, Inc., exceptuando la inclusión de citas breves en una reseña con reconocimiento de la fuente.

ediciones Lerner
Una división de Lerner Publishing Group, Inc.
241 First Avenue North
Mineápolis, MN 55401, EE. UU.

Si desea averiguar acerca de niveles de lectura y para obtener más información, favor consultar este título en www.lernerbooks.com.

Fuente del texto del cuerpo principal: Mikado. Fuente proporcionada por HVD.

Library of Congress Cataloging-in-Publication Data

Names: Boothroyd, Jennifer, 1972- author.
Title: ¡A luchar contra la contaminación, Big Bird! / Jennifer Boothroyd.
Other titles: Fight pollution, Big Bird! Spanish
Description: Minneapolis : Ediciones Lerner, [2025] | Series: Cuidemos el ambiente con Sesame Street | Translation of: Fight pollution, Big Bird! | Includes bibliographical references. | Audience: Ages 4-8 | Audience: Grades K-1 | Summary: "Young readers learn all about pollution and how to protect earth with Big Bird and his Sesame Street friends. Keep water clean, pick up litter, and recycle to help stop pollution. How can you be kind to Earth? Now in Spanish! Interior paper made with 30 percent recycled post-consumer waste fibers" —Provided by publisher.
Identifiers: LCCN 2024013775 (print) | LCCN 2024013776 (ebook) | ISBN 9798765643877 (lib. bdg.) | ISBN 9798765661215 (paperback) | ISBN 9798765651346 (epub)
Subjects: LCSH: Pollution–Juvenile literature. | Pollution prevention–Juvenile literature.
Classification: LCC TD176.B6618 2025 (print) | LCC TD176 (ebook) | DDC 363.73–dc23/eng/20240403

Fabricado en los Estados Unidos de América
1-1010971-52421-5/15/2024